Conexão Íntima: Fortalecendo Relacionamentos Através da Comunicação

Capítulo 1: Comunicando com Empatia

A empatia é uma habilidade fundamental para estabelecer conexões íntimas e saudáveis em qualquer relacionamento. Ela envolve a capacidade de entender e compartilhar os sentimentos e perspectivas dos outros. Neste capítulo, exploraremos em profundidade a importância da empatia na comunicação e forneceremos orientações práticas sobre como desenvolver essa habilidade valiosa.

O Que é Empatia?

A empatia é a capacidade de se colocar no lugar de outra pessoa, compreendendo seus sentimentos, pensamentos e experiências. Ela vai além da simples simpatia, que é sentir pena ou preocupação pelo outro, e envolve um esforço ativo para entender o mundo emocional do outro. A empatia é a base da comunicação eficaz, pois permite que nos conectamos mais profundamente com os outros, criando um ambiente de confiança e compreensão.

Os Benefícios da Empatia

A empatia oferece uma série de benefícios significativos em nossos relacionamentos. Quando somos capazes de entender as emoções e necessidades dos outros, criamos um espaço seguro para que eles se abram e se expressem. Isso promove uma comunicação mais aberta e honesta, constrói confiança e fortalece os laços entre as pessoas. Além disso, a empatia nos ajuda a resolver conflitos de forma mais eficaz, pois permite que vejamos o ponto de vista do outro e trabalhemos em direção a soluções mutuamente satisfatórias.

Como Desenvolver a Empatia

Desenvolver a empatia é um processo contínuo, e existem várias estratégias que podem nos ajudar a aprimorar essa habilidade. Aqui estão algumas etapas práticas para cultivar a empatia:

Pratique a Escuta Ativa: A escuta ativa envolve dar total atenção à pessoa que está falando, sem interrompê-la ou julgá-la. Faça perguntas para esclarecer o que a outra pessoa está sentindo e pensando, mostrando que você está genuinamente interessado em compreendê-la.

Empatia com o Corpo: Além de ouvir as palavras, preste atenção à linguagem corporal da outra pessoa. Expressões faciais, gestos e postura podem fornecer pistas importantes sobre o que ela está experimentando emocionalmente.

Pratique a Aceitação Incondicional: Aceitar as pessoas como elas são, sem julgamento, é essencial para cultivar a empatia. Lembre-se de que todos têm suas próprias perspectivas e experiências, e isso é válido.

Exercite a Imaginação: Tente se colocar no lugar da outra pessoa, imaginando como você se sentiria em sua situação. Isso ajuda a construir pontes emocionais e a compreender melhor seus sentimentos.

Seja Paciente: Desenvolver a empatia leva tempo e prática. Não se culpe se não for perfeito desde o início. O importante é fazer um esforço contínuo para melhorar suas habilidades empáticas.

Aplicando a Empatia em Relacionamentos

A empatia é especialmente crucial em relacionamentos íntimos, como casamentos e parcerias românticas. Quando estamos em um relacionamento, muitas vezes enfrentamos desafios e desentendimentos. A empatia nos ajuda a superar esses obstáculos, permitindo-nos compreender as emoções do nosso parceiro e comunicar nossos próprios sentimentos de maneira respeitosa.

Resolvendo Conflitos: Ao aplicar a empatia durante uma discussão ou desentendimento, somos capazes de ver o ponto de vista do nosso parceiro e, ao mesmo tempo, expressar nossas próprias preocupações. Isso cria um terreno comum para encontrar soluções juntos.

Melhorando a Intimidade: A empatia também aumenta a intimidade emocional. Quando um parceiro se sente verdadeiramente compreendido e valorizado, a conexão emocional se aprofunda, promovendo uma sensação de proximidade.

Fortalecendo a Comunicação: Comunicar-se com empatia não é apenas sobre resolver problemas; também envolve compartilhar alegrias, sonhos e preocupações. A empatia torna esses momentos de comunicação mais significativos e fortalece o relacionamento.

A empatia é uma habilidade valiosa que pode transformar a forma como nos relacionamos com os outros. Ao se esforçar para entender e compartilhar as experiências emocionais dos outros, você pode criar relacionamentos mais profundos, íntimos e gratificantes. Lembre-se de que a empatia é uma habilidade que pode ser desenvolvida ao longo do tempo com prática e paciência. À medida que você aprimora sua capacidade de se conectar com empatia, estará no caminho para construir relacionamentos mais fortes e significativos. Este é apenas o começo de nossa jornada para fortalecer relacionamentos através da comunicação eficaz. Nos próximos capítulos, aprofundaremos ainda mais nesse tema, explorando os pilares da comunicação eficaz e os poderes das palavras.

Capítulo 2: Os Pilares da Comunicação Eficaz

A comunicação eficaz é a base de relacionamentos saudáveis e gratificantes. Para construir uma conexão íntima, é essencial compreender os pilares que sustentam essa comunicação. Neste capítulo, exploraremos em detalhes os elementos-chave que formam a fundação da comunicação eficaz e como aplicá-los em nossas interações diárias.

Clareza na Comunicação

A clareza é o primeiro pilar da comunicação eficaz. Envolve a capacidade de transmitir suas ideias de forma direta e compreensível. Comunicar-se de maneira clara significa evitar ambiguidades, jargões ou frases excessivamente complexas que possam confundir o receptor da mensagem. Aqui estão algumas estratégias para melhorar a clareza na comunicação:

Use linguagem simples e direta: Evite palavras desnecessárias e construções complexas. Tente transmitir suas ideias de maneira simples e direta.

Seja específico: Forneça detalhes e exemplos sempre que possível. Isso ajuda a tornar suas mensagens mais concretas e fáceis de entender.

Confirme a compreensão: Certifique-se de que a outra pessoa tenha entendido sua mensagem fazendo perguntas claras, como "Você entendeu o que estou dizendo?"

Honestidade na Comunicação

O segundo pilar da comunicação eficaz é a honestidade. A honestidade envolve ser sincero e transparente em suas interações. Comunicar-se com honestidade não significa apenas dizer a verdade, mas também ser autêntico e fiel a si mesmo. Aqui estão algumas diretrizes para aplicar a honestidade na comunicação:

Seja autêntico: Seja você mesmo em suas interações. Evite a tentação de representar uma versão idealizada de si mesmo.

Comunique-se de maneira direta: Se você tem algo a dizer, diga-o de maneira respeitosa e franca. A comunicação indireta ou evasiva pode levar a mal-entendidos.

Admita erros: Se cometer um erro ou tiver uma mudança de opinião, seja aberto sobre isso. A honestidade também envolve a capacidade de reconhecer quando você está errado.

Autenticidade na Comunicação

A autenticidade é o terceiro pilar da comunicação eficaz. Ela está intrinsecamente ligada à honestidade, mas também envolve expressar suas emoções e opiniões de maneira genuína. Ser autêntico significa comunicar o que você realmente sente e pensa, em vez de ocultar suas verdadeiras emoções. Aqui estão algumas maneiras de praticar a autenticidade na comunicação:

Compartilhe suas emoções: Não tenha medo de expressar seus sentimentos, sejam eles positivos ou negativos. Isso cria uma conexão mais profunda com os outros.

Seja vulnerável: A vulnerabilidade é uma parte essencial da autenticidade. Compartilhar suas inseguranças e medos ajuda a construir uma conexão mais íntima com os outros.

Escute a si mesmo: Esteja ciente de seus próprios sentimentos e pensamentos. Conectar-se consigo mesmo é o primeiro passo para se conectar com os outros.

Respeito na Comunicação

O respeito é o quarto pilar da comunicação eficaz. Envolve tratar os outros com consideração e cortesia, independentemente das diferenças de opinião ou perspectivas. Comunicar-se com respeito cria um ambiente de confiança e promove relacionamentos saudáveis. Aqui estão algumas diretrizes para aplicar o respeito na comunicação:

Escute ativamente: Mostre que você valoriza a opinião dos outros ouvindo com atenção e interesse genuíno.

Evite críticas pessoais: Concentre-se nas ideias, não nas pessoas. Evite ataques pessoais e críticas destrutivas.

Esteja ciente da linguagem e tom: A maneira como você se expressa pode afetar profundamente a outra pessoa. Mantenha um tom respeitoso e evite sarcasmo ou linguagem prejudicial.

A comunicação eficaz é um processo que envolve a aplicação dos pilares da clareza, honestidade, autenticidade e respeito. À medida que você aprimora esses elementos em suas interações diárias, estará construindo uma base sólida para relacionamentos mais íntimos e saudáveis. Esses pilares não são estáticos; eles evoluem e se fortalecem à medida que você os pratica continuamente. Nos próximos capítulos, exploraremos o poder das palavras e como a escolha das palavras certas pode fazer a diferença na comunicação eficaz.

Capítulo 3: O Poder das Palavras

A escolha das palavras é uma parte essencial da comunicação eficaz. As palavras que usamos têm o poder de construir ou destruir relacionamentos, criar confiança ou causar danos. Neste capítulo, exploraremos o impacto das palavras em nossa comunicação e forneceremos diretrizes para usar esse poder de maneira construtiva.

A Importância da Escolha de Palavras

As palavras têm o poder de criar conexões profundas ou afastar as pessoas. A forma como escolhemos nossas palavras afeta não apenas o significado de nossa mensagem, mas também as emoções e as reações daqueles com quem estamos nos comunicando. Compreender a importância da escolha de palavras é o primeiro passo para uma comunicação mais eficaz.

Palavras que Constroem Pontes

Existem palavras e frases que podem construir pontes na comunicação, promovendo a compreensão, a empatia e o fortalecimento dos relacionamentos. Aqui estão alguns exemplos:

* **"Eu entendo como você se sente."** - Essa frase expressa empatia e compreensão, mostrando que você se importa com as emoções da outra pessoa.

* **"Por favor" e "Obrigado."** - Usar palavras de cortesia demonstra respeito e apreciação.

* **"Pode me explicar mais?"** - Isso encoraja a outra pessoa a compartilhar mais informações, promovendo uma comunicação mais profunda.

* **"Vamos resolver isso juntos."** - Essa frase cria um senso de parceria e trabalho em equipe.

Palavras que Criam Barreiras

Por outro lado, algumas palavras e frases podem criar barreiras na comunicação e minar relacionamentos. É importante identificar essas palavras e evitá-las:

* **Críticas Pessoais:** Ataques pessoais e julgamentos podem criar conflitos e ressentimentos. Evite usar palavras que denigrem a outra pessoa.

* **Generalizações:** Declarações amplas e generalizadas, como "Você nunca" ou "Você sempre," podem ser prejudiciais e ineficazes na comunicação.

* **Sarcasmo:** O sarcasmo pode ser mal-interpretado e ferir os sentimentos de alguém.

* **Palavras Negativas:** Palavras negativas, como "não" e "nunca," podem desviar o foco da mensagem e criar mal-entendidos.

A Comunicação Não-Violenta

A Comunicação Não-Violenta (CNV) é uma abordagem de comunicação que enfatiza a empatia e a expressão honesta de sentimentos e necessidades. A CNV incentiva a escolha de palavras que promovam a compreensão e a conexão. Ela é baseada em quatro etapas:

* **Observação:** Descreva a situação de maneira objetiva, sem julgamentos ou avaliações.

* **Sentimento:** Identifique e compartilhe seus sentimentos em relação à situação.

* **Necessidade:** Exponha as necessidades que não estão sendo atendidas na situação.

* **Pedido:** Faça um pedido específico sobre como a situação pode ser resolvida de maneira satisfatória para ambas as partes.

A CNV é uma ferramenta poderosa para melhorar a comunicação e resolver conflitos de maneira construtiva.

Praticando a Escolha de Palavras

A escolha de palavras requer prática e conscientização. Aqui estão algumas etapas para praticar a escolha de palavras de maneira eficaz:

* **Autoconsciência:** Esteja ciente de suas palavras e como elas afetam os outros. Reconheça quando você está usando palavras que podem criar barreiras na comunicação.

* **Pausa e Reflexão:** Antes de falar, faça uma pausa para refletir sobre suas palavras. Pergunte a si mesmo se suas palavras são construtivas e se estão alinhadas com seus objetivos de comunicação.

* **Pratique a Comunicação Não-Violenta:** Aplique os princípios da CNV em suas interações diárias. Isso pode ajudar a melhorar a empatia e a expressão de suas necessidades.

* **Solicite Feedback:** Peça feedback às pessoas com quem você se comunica regularmente. Eles podem fornecer informações valiosas sobre a eficácia de suas palavras.

O poder das palavras na comunicação não pode ser subestimado. As palavras que escolhemos têm o potencial de construir relacionamentos sólidos ou de criar barreiras que prejudicam a conexão. A conscientização sobre a escolha de palavras e a prática da comunicação eficaz são cruciais para melhorar nossos relacionamentos e promover a compreensão mútua. À medida que continuamos nossa jornada para fortalecer relacionamentos através da comunicação, exploraremos a importância da escuta ativa na próxima seção.

Capítulo 4: Escutando com Atenção

A escuta ativa é um componente fundamental da comunicação eficaz. Quando somos ouvintes atentos, demonstramos respeito, empatia e disposição para compreender as perspectivas dos outros. Neste capítulo, exploraremos em detalhes a importância da escuta ativa, seus benefícios e técnicas para desenvolver essa habilidade crucial.

O que é Escuta Ativa?

A escuta ativa vai além de simplesmente ouvir as palavras que alguém está dizendo. Envolve um compromisso genuíno em compreender as emoções, pensamentos e perspectivas da outra pessoa. A escuta ativa é um ato de generosidade e empatia, demonstrando que você valoriza o que a outra pessoa tem a dizer.

Os Benefícios da Escuta Ativa

A prática da escuta ativa oferece inúmeros benefícios em nossas interações diárias e relacionamentos. Alguns dos principais benefícios incluem:

Construção de Confiança: Quando as pessoas se sentem ouvidas e compreendidas, a confiança em um relacionamento é fortalecida.

Resolução de Conflitos: A escuta ativa facilita a resolução de conflitos, pois permite que as pessoas expressem suas preocupações e necessidades de maneira construtiva.

Compreensão mútua: Através da escuta ativa, as pessoas podem entender melhor as perspectivas e experiências umas das outras.

Promoção da Empatia: A escuta ativa ajuda a desenvolver empatia, permitindo que você se conecte emocionalmente com os outros.

Técnicas para a Escuta Ativa

Desenvolver a habilidade de escutar ativamente requer prática e esforço. Aqui estão algumas técnicas que podem ajudar a aprimorar sua capacidade de escuta:

Mantenha contato Visual: Olhar nos olhos da pessoa que está falando demonstra que você está focado e interessado no que ela está dizendo.

Evite interrupções: Resista à tentação de interromper ou terminar as frases da outra pessoa. Deixe-a terminar antes de responder.

Mostre Sinais de Afirmação: Acente com a cabeça, faça pequenos comentários como "entendo" ou "continue" para mostrar que você está envolvido na conversa.

Faça Perguntas Abertas: Perguntas abertas incentivam a outra pessoa a compartilhar mais detalhes e sentimentos. Por exemplo, em vez de perguntar "Você está bem?", você pode perguntar "Como você está se sentindo?".

Paráfrase e Resuma: Repetir ou resumir o que a outra pessoa disse demonstra que você está ouvindo e tentando entender. Pode ser algo como "Então, você está dizendo que se sentiu sobrecarregado no trabalho esta semana, certo?".

Evite Julgamento: Não faça julgamentos precipitados ou críticas enquanto a outra pessoa está falando. Mantenha uma mente aberta.

Escuta Ativa em Relacionamentos

Em relacionamentos íntimos, a escuta ativa desempenha um papel vital no fortalecimento da conexão emocional. Quando você pratica a escuta ativa com seu parceiro, cria um espaço para a compreensão e o apoio mútuo. Além das técnicas mencionadas acima, aqui estão algumas diretrizes adicionais para a escuta ativa em relacionamentos:

Demonstre paciência: Esteja disposto a ouvir mesmo quando o assunto é difícil ou emocional. A paciência é essencial para criar um ambiente seguro para a expressão.

Não julgue: Evite julgar ou criticar o que seu parceiro está compartilhando. Lembre-se de que as emoções são válidas.

Valide Sentimentos: Mostre empatia e validação em relação aos sentimentos do seu parceiro. Você pode dizer coisas como "Compreendo por que você se sente assim" ou "É normal se sentir assim".

Ofereça Apoio: Pergunte como você pode ajudar ou ofereça apoio, se apropriado. Às vezes, apenas ouvir é o suficiente, mas em outras situações, seu parceiro pode precisar de ação ou soluções.

A escuta ativa é uma habilidade valiosa que promove a compreensão mútua, constrói confiança e fortalece relacionamentos.

Capítulo 5: Expressando Emoções de Forma Saudável

A capacidade de expressar emoções de maneira saudável desempenha um papel fundamental na construção de relacionamentos íntimos e na comunicação eficaz. Neste capítulo, exploraremos a importância de expressar emoções, como fazê-lo de forma construtiva e como essa habilidade pode melhorar a qualidade de nossos relacionamentos.

A Importância de Expressar Emoções

As emoções desempenham um papel central em nossas vidas e relacionamentos. Elas são nossas reações naturais a eventos, situações e interações com os outros. Expressar emoções é fundamental por várias razões:

Promover a Autenticidade: Expressar emoções é uma forma de ser autêntico e verdadeiro consigo mesmo. Esconder ou reprimir emoções pode levar à inautenticidade e à desconexão com os outros.

Aumenta a Compreensão Mútua: Quando expressamos nossas emoções, permitimos que os outros nos compreendam melhor. Isso ajuda a construir empatia e compreensão mútua.

Reduz o estresse: Expressar emoções de maneira saudável pode aliviar o estresse e promover o bem-estar emocional.

Como Expressar Emoções de Maneira Construtiva

Embora seja essencial expressar emoções, é igualmente importante fazê-lo de maneira construtiva. Aqui estão algumas diretrizes para expressar emoções de forma saudável:

Identifique suas emoções: Antes de expressar suas emoções, é importante identificá-las. Muitas vezes, as pessoas têm dificuldade em nomear o que estão sentindo.

Use "Eu" em vez de "Você": Em vez de acusar os outros de causarem suas emoções, fale sobre como você se sente. Por exemplo, em vez de dizer "Você me deixa com raiva," diga "Eu me sinto frustrado quando isso acontece."

Seja Específico: Ao expressar emoções, seja específico sobre o que as desencadeou e como você se sente. Evite generalizações.

Evite a Supressão Emocional: Evitar a expressão de emoções pode levar a problemas emocionais e de saúde. Não reprima emoções, mas encontre maneiras saudáveis de expressá-las.

Comunicando Emoções em Relacionamentos

A comunicação de emoções desempenha um papel crítico em relacionamentos íntimos. Aqui estão algumas maneiras de aplicar a expressão emocional de maneira construtiva em relacionamentos:

Compartilhando Alegria: Compartilhar alegria e felicidade fortalece a conexão com os outros. Comemore as vitórias e alegrias juntos.

Lidando com a Tristeza: Expressar tristeza permite que os outros ofereçam apoio e compreensão. Em momentos de tristeza, é importante não se isolar, mas comunicar suas emoções.

Lidando com a Raiva: A raiva pode ser uma emoção poderosa. Ao expressá-la, é fundamental fazê-lo de maneira respeitosa e não agressiva. Comunicar as razões da raiva, sem culpar ou atacar, é fundamental.

Expressando Amor e Afeição: Comunicar amor e afeição é igualmente importante. Não assuma que os outros sabem o quanto você os valoriza; expresse seus sentimentos regularmente.

O Papel da Comunicação Não-Violenta (CNV)

A Comunicação Não-Violenta (CNV), mencionada anteriormente, desempenha um papel crucial na expressão emocional de forma saudável. A CNV enfatiza a importância de identificar e comunicar sentimentos e necessidades. Ao seguir os princípios da CNV, você pode expressar suas emoções de maneira mais clara e construtiva.

A expressão saudável de emoções é um pilar vital da comunicação eficaz e da construção de relacionamentos íntimos. Ao aprender a identificar, comunicar e gerenciar suas emoções de maneira construtiva, você estará mais bem equipado para criar conexões significativas com os outros.

Capítulo 6: Superando Barreiras na Comunicação

A comunicação eficaz muitas vezes é prejudicada por diversas barreiras que podem surgir em nossos relacionamentos. Neste capítulo, exploraremos essas barreiras comuns e forneceremos estratégias para superá-las, a fim de fortalecer a comunicação e melhorar a qualidade dos relacionamentos.

Barreiras à Comunicação

Barreiras na comunicação são obstáculos que dificultam a troca eficaz de informações e emoções. Essas barreiras podem ser internas (relacionadas a nossa própria forma de comunicar) ou externas (relacionadas ao ambiente e à situação).

Barreiras Internas: Incluem a falta de habilidades de comunicação, emoções reprimidas, julgamento, preconceitos e ansiedade social.

Barreiras Externas: Envolvem ruído, distrações, má iluminação, falta de privacidade e até mesmo diferenças culturais que afetam a interpretação de mensagens.

Barreiras Comuns na Comunicação

Identificar as barreiras comuns na comunicação é o primeiro passo para superá-las. Aqui estão algumas das barreiras mais frequentes:

Má Escuta: Não ouvir atentamente ou interromper constantemente a outra pessoa pode prejudicar a comunicação.

Compreensão Limitada: Diferenças de linguagem, conhecimento ou contexto podem levar a mal-entendidos.

Supressão Emocional: Não expressar emoções pode criar barreiras na comunicação e levar a mal-entendidos sobre seu estado emocional.

Evasão de Conflitos: Evitar discussões difíceis ou conflitos pode resultar em comunicação inadequada e ressentimento não resolvido.

Falta de Empatia: A incapacidade de se colocar no lugar do outro pode dificultar a compreensão mútua.

Estratégias para Superar Barreiras na Comunicação

Superar barreiras na comunicação requer esforço, conscientização e prática. Aqui estão estratégias para enfrentar essas barreiras de maneira eficaz:

Melhore Suas Habilidades de Escuta: Pratique a escuta ativa, prestando atenção total ao que a outra pessoa está dizendo, fazendo perguntas de esclarecimento e evitando interrupções.

Expresse-se com clareza: Use palavras específicas e evite generalizações. Comunique suas emoções e necessidades de forma construtiva.

Resolva Conflitos de Maneira Construtiva: Em vez de evitar conflitos, enfrente-os de maneira respeitosa. Use a comunicação não-violenta e busque soluções mutuamente satisfatórias.

Desenvolva Empatia: Trabalhe em sua empatia, tentando entender as perspectivas dos outros e reconhecendo seus sentimentos.

Esteja Ciente de Barreiras Culturais: Se você está se comunicando com pessoas de diferentes origens culturais, esteja atento às diferenças que podem afetar a interpretação das mensagens.

Superando Barreiras nas Relações Íntimas

Relacionamentos íntimos podem ser particularmente desafiadores quando se trata de superar barreiras na comunicação. Aqui estão estratégias específicas para superar barreiras em relacionamentos íntimos:

Comunique-se Sobre Expectativas: Discuta as expectativas mútuas e evite suposições. A clareza nas expectativas pode evitar mal-entendidos.

Crie um Ambiente Seguro: Garanta que seu relacionamento seja um espaço onde ambos se sintam à vontade para expressar pensamentos e sentimentos.

Pratique a Comunicação Regular: Faça check-ins regulares em seu relacionamento para discutir preocupações e manter uma comunicação aberta.

Respeite o Espaço Pessoal: Reconheça quando você ou seu parceiro precisa de espaço pessoal e tempo para processar emoções.

Capítulo 7: Mantendo a Comunicação Saudável ao Longo do Tempo

Manter uma comunicação saudável ao longo do tempo é fundamental para a saúde e a longevidade dos relacionamentos. Neste capítulo, exploraremos estratégias para manter a qualidade da comunicação à medida que os relacionamentos evoluem e enfrentam desafios.

A Evolução da Comunicação nos Relacionamentos

Os relacionamentos são dinâmicos e estão em constante evolução. A forma como nos comunicamos no início de um relacionamento pode ser diferente da forma como nos comunicamos após anos juntos. Compreender essa evolução é crucial para manter a comunicação saudável.

Estratégias para Manter a Comunicação Saudável

Aqui estão estratégias para manter a comunicação saudável ao longo do tempo em relacionamentos:

Adapte-se às Mudanças: Reconheça que as necessidades e expectativas de comunicação podem mudar à medida que o relacionamento evolui. Esteja disposto a se adaptar.

Pratique a Comunicação Regular: Não espere até que surjam problemas para conversar. Mantenha uma comunicação regular para discutir preocupações, desafios e vitórias.

Mantenha a Intimidade: Não deixe que a rotina diária afete a intimidade emocional e a conexão. Encontre maneiras de manter a proximidade emocional.

Reforce a Empatia: A empatia é essencial para entender as mudanças na vida do seu parceiro. Esteja disposto a se colocar no lugar do outro.

Seja flexível: Esteja disposto a comprometer-se e ser flexível em sua comunicação, reconhecendo que ambos têm necessidades e desejos.

Comunicação em Relacionamentos de Longa Distância

Relacionamentos de longa distância apresentam desafios únicos à comunicação. Manter a comunicação saudável em tais relacionamentos requer esforço adicional:

Agende Conversas Regulares: Defina horários para conversas regulares para manter a conexão.

Utilize a Tecnologia: Aproveite as ferramentas de comunicação online, como vídeo chamadas e mensagens, para manter a proximidade.

Visitas Pessoais: Se possível, planeje visitas pessoais para fortalecer a conexão.

Confiança e Transparência: Mantenha a confiança e a transparência, compartilhando pensamentos, sentimentos e preocupações.

Manutenção da Comunicação em Relacionamentos Familiares

Relações familiares também podem evoluir com o tempo, e a comunicação desempenha um papel fundamental. Aqui estão estratégias para manter a comunicação saudável com membros da família:

Tempo de Qualidade: Dedique tempo de qualidade com membros da família, sem distrações, para construir relacionamentos mais fortes.

Respeite a Diversidade de Opiniões: Em famílias, as opiniões podem variar. Respeite as diferenças de opinião e evite conflitos desnecessários.

Comunique-se Sobre Mudanças: Quando ocorrerem mudanças na família, como casamentos, nascimentos ou mortes, comunique-se abertamente para compartilhar emoções e informações.

Envolva-se Ativamente: Participe ativamente nas vidas dos membros da família, mostrando interesse genuíno em suas preocupações e sucessos.

A manutenção da comunicação saudável ao longo do tempo é vital para a saúde dos relacionamentos. Ao compreender a evolução da comunicação, adotar estratégias para adaptar-se às mudanças e manter a comunicação regular, você pode fortalecer seus relacionamentos e garantir que eles permaneçam gratificantes e significativos.

Capítulo 8: Lidando com Desafios de Comunicação Específicos

A comunicação eficaz frequentemente é testada por desafios específicos que podem surgir em relacionamentos e situações. Neste capítulo, exploraremos estratégias para enfrentar e superar esses desafios, abordando questões como conflitos, desacordos e comunicação com pessoas difíceis.

Lidando com Conflitos

Conflitos são uma parte inevitável de qualquer relacionamento. No entanto, a maneira como abordamos e resolvemos esses conflitos pode fazer toda a diferença na saúde do relacionamento. Aqui estão estratégias para lidar com conflitos:

Comunique-se Respeitosamente: Mantenha um tom respeitoso durante um conflito. Evite ataques pessoais e linguagem prejudicial.

Escute Ativamente: Dê espaço para a outra pessoa expressar suas preocupações e sentimentos. Ouça atentamente antes de responder.

Identifique as Causas Raízes: Em vez de focar apenas nos sintomas de um conflito, tente identificar as causas raízes. O que está por trás dos desentendimentos?

Busque Soluções Construtivas: Em vez de insistir em estar certo, concentre-se em encontrar soluções que sejam mutuamente satisfatórias.

Comunicação com Pessoas Difíceis

Comunicar-se com pessoas difíceis pode ser um desafio. Essas pessoas podem ser teimosas, críticas ou resistentes à comunicação. Aqui estão estratégias para lidar com pessoas difíceis:

Mantenha a calma: Evite se deixar levar pelas emoções. Mantenha a calma e a paciência.

Estabeleça limites: Se necessário, estabeleça limites claros para evitar comportamentos prejudiciais.

Seja Empático: Tente entender as perspectivas e preocupações da outra pessoa. Isso pode ajudar a criar empatia.

Comunique-se com Clareza: Seja claro e direto em sua comunicação. Evite ambiguidades que possam ser mal-interpretadas.

Lidando com Desacordos e Diferenças de Opinião

Desacordos e diferenças de opinião são comuns em relacionamentos. Aqui estão estratégias para lidar com essas situações de forma construtiva:

Respeite a Diversidade de Opiniões: Reconheça que é natural ter diferenças de opinião e respeitar essas diferenças.

Foco nos Fatos e Interesses: Em vez de se concentrar em posições rígidas, concentre-se nos fatos e interesses subjacentes.

Busque Soluções de Compromisso: Em vez de insistir em estar certo, busque soluções de compromisso que atendam às necessidades de ambas as partes.

Pratique a Escuta Empática: Ouça ativamente as preocupações e perspectivas da outra pessoa para encontrar pontos de acordo.

Comunicação em Situações de Estresse

A comunicação em situações de estresse pode ser especialmente desafiadora, pois as emoções podem estar à flor da pele. Aqui estão estratégias para enfrentar essas situações:

Mantenha a calma sob Pressão: Faça um esforço consciente para manter a calma, mesmo em situações estressantes.

Pare e respire: Se necessário, faça uma pausa e respire fundo antes de continuar a comunicação.

Comunique-se com Compaixão: Lembre-se de que todos podem ser afetados pelo estresse. Comunique-se com compaixão e empatia.

Resolva um Problema de Cada Vez: Evite sobrecarregar a conversa com muitos problemas ao mesmo tempo. Resolva um problema de cada vez.

Capítulo 9: Comunicação nos Relacionamentos Interpessoais

Neste capítulo, exploraremos a aplicação prática de comunicação eficaz em diversos tipos de relacionamentos interpessoais, como amizades, relacionamentos de trabalho, familiares e românticos. A habilidade de se comunicar de forma eficaz é vital em todos esses contextos e pode ser adaptada de acordo com as nuances de cada relacionamento.

Comunicação nas Amizades

As amizades são relacionamentos especiais que podem ser fortalecidos com comunicação eficaz. Aqui estão algumas estratégias para comunicar-se bem em amizades:

Seja Autêntico: Nas amizades, a autenticidade é fundamental. Seja você mesmo e compartilhe pensamentos e sentimentos honestos.

Mostre Interesse Genuíno: Demonstre interesse genuíno nas vidas e experiências de seus amigos. Faça perguntas e esteja disponível para ouvir.

Celebre as Vitórias: Compartilhe alegrias e celebre as vitórias de seus amigos. Esteja presente nos momentos felizes.

Ofereça Apoio nas Dificuldades: Esteja lá para seus amigos em momentos difíceis. Ofereça apoio emocional e prático quando necessário.

Comunicação nos Relacionamentos de Trabalho

A comunicação eficaz no ambiente de trabalho é essencial para o sucesso profissional e a satisfação no emprego. Aqui estão estratégias para comunicar-se bem nos relacionamentos de trabalho:

Seja Profissional: Mantenha a comunicação no ambiente de trabalho profissional e respeitosa. Evite fofocas e conversas inadequadas.

Seja Claro e Direto: Comunique-se de maneira clara e direta. Evite ambiguidades que possam levar a mal-entendidos.

Pratique a Escuta Ativa: Esteja disposto a ouvir seus colegas e superiores. A escuta ativa é crucial para o entendimento mútuo.

Lide com Conflitos de Forma Construtiva: Quando surgirem conflitos no trabalho, aborde-os de maneira construtiva e profissional.

Comunicação nos Relacionamentos Familiares

A comunicação eficaz na família é essencial para manter laços saudáveis e construtivos. Aqui estão estratégias para a comunicação nos relacionamentos familiares:

Comunique-se com Compaixão: Lembre-se de que as dinâmicas familiares podem ser complexas. Comunique-se com compaixão e empatia.

Resolva Conflitos de Forma Saudável: Conflitos podem surgir em famílias. Aborde-os de forma saudável e respeitosa.

Compartilhe Atividades em Família: Compartilhar atividades em família pode fortalecer os laços e criar memórias especiais.

Respeite a Diversidade de Opiniões: Reconheça que os membros da família podem ter opiniões diferentes e respeitar essas diferenças.

Comunicação nos Relacionamentos Românticos

A comunicação é a base de relacionamentos românticos saudáveis. Aqui estão estratégias para a comunicação nos relacionamentos românticos:

Seja romântico: Expresse amor e carinho regularmente. Pequenos gestos românticos podem fortalecer a conexão.

Comunique-se sobre Expectativas: Discuta expectativas e necessidades no relacionamento. A comunicação aberta é fundamental.

Resolva Conflitos com Empatia: Quando surgirem conflitos, aborde-os com empatia e compreensão. Evite ataques pessoais.

Mantenha a Intimidade Emocional: A intimidade emocional é crucial em relacionamentos românticos. Compartilhe pensamentos e sentimentos com seu parceiro.

Capítulo 10: Equilibrando Comunicação e Privacidade nos Relacionamentos

O equilíbrio entre a comunicação aberta e a manutenção da privacidade é um desafio comum em todos os tipos de relacionamentos. Neste capítulo, exploraremos a importância de encontrar esse equilíbrio e forneceremos orientações sobre como respeitar a privacidade, ao mesmo tempo em que mantemos uma comunicação eficaz e saudável.

A Importância do Equilíbrio

Encontrar o equilíbrio entre a comunicação aberta e a privacidade é crucial em qualquer relacionamento. Sem equilíbrio, podem surgir problemas, como a sensação de sufocamento, invasão de privacidade ou falta de conexão emocional. Compreender essa importância é o primeiro passo.

Respeitando a Privacidade

Respeitar a privacidade do outro é fundamental em qualquer relacionamento. Aqui estão algumas diretrizes para fazê-lo:

Defina Limites Claros: Tenha conversas abertas sobre limites pessoais e o que é ou não é aceitável compartilhar.

Peça Permissão: Antes de compartilhar informações pessoais de outra pessoa, peça permissão e respeite sua decisão.

Evite a Invasão de Privacidade: Não acesse informações pessoais, como mensagens ou diários, sem permissão.

Comunique-se sobre a Necessidade de Espaço: Esteja disposto a dar espaço ao seu parceiro quando necessário e comunique-se sobre suas necessidades de privacidade.

Comunicação Aberta e Honesta

Embora a privacidade seja importante, a comunicação aberta e honesta é igualmente vital. Aqui estão diretrizes para promovê-la:

Encoraje a Comunicação: Crie um ambiente onde a comunicação seja encorajada e valorizada.

Compartilhe Sentimentos e Pensamentos: Esteja disposto a compartilhar seus sentimentos e pensamentos com seu parceiro, quando apropriado.

Resolva Problemas com Conversas Construtivas: Aborda problemas ou preocupações com conversas construtivas em vez de evitá-los.

Fomente a Confiança: Através da comunicação aberta e honesta, fomenta a confiança mútua.

Equilíbrio na Comunicação Digital

No mundo moderno, a comunicação digital desempenha um papel significativo nos relacionamentos. Aqui estão estratégias para encontrar equilíbrio na comunicação digital:

Defina Limites de Tempo: Evite a constante conexão digital, definindo limites de tempo para o uso de dispositivos eletrônicos.

Respeite os Momentos de Desconexão: Respeite os momentos em que seu parceiro deseja desconectar e desfrutar de privacidade.

Use a Comunicação Digital para Fortalecer o Relacionamento: Utilize a comunicação digital de forma construtiva para manter contato, compartilhar informações e apoiar-se mutuamente.

Capítulo 11: Continuando a Jornada da Comunicação Efetiva nos Relacionamentos

Neste capítulo final, reafirmamos a importância da comunicação eficaz nos relacionamentos e exploramos maneiras de continuar aprimorando essa habilidade vital. A jornada da comunicação efetiva é contínua, e há sempre espaço para melhorias e crescimento nos relacionamentos.

Praticando a Comunicação Efetiva Rotineiramente

A comunicação efetiva não é uma habilidade que você pode aprender e esquecer. Ela deve ser praticada regularmente para manter relacionamentos saudáveis. Aqui estão maneiras de continuar praticando a comunicação efetiva:

Check-Ins Regulares: Estabeleça o hábito de fazer check-ins regulares com seus entes queridos para discutir como estão se sentindo, quais são suas necessidades e como o relacionamento está evoluindo.

Aprender com Experiências Anteriores: Reflita sobre experiências passadas de comunicação em seus relacionamentos e aprenda com elas. Identifique áreas onde você pode melhorar.

Participação em Cursos e Oficinas: Considere a possibilidade de participar de cursos ou oficinas de comunicação para aprimorar suas habilidades.

Desenvolvendo Empatia Constantemente

A empatia é uma pedra angular da comunicação eficaz. Continuar a desenvolver empatia é essencial para entender as perspectivas dos outros e fortalecer os relacionamentos. Aqui estão maneiras de desenvolver empatia constantemente:

Pratique a Escuta Ativa: Esteja disposto a ouvir atentamente e compreender as preocupações e sentimentos dos outros.

Tome a Perspectiva do Outro: Coloque-se no lugar do outro para entender como eles veem uma situação ou problema.

Aprenda sobre Diversidade: Aprenda sobre diferentes perspectivas e culturas para ampliar sua compreensão e empatia.

Aprender a Ser Assertivo

A assertividade é uma habilidade importante para expressar pensamentos e sentimentos de forma clara e respeitosa. Aqui estão maneiras de aprender a ser mais assertivo:

Pratique a Comunicação Direta: Comunique-se de forma direta e clara, expressando suas necessidades e preocupações de maneira respeitosa.

Evite a Agressividade: Evite a agressividade e a passividade em suas interações. A assertividade encontra um equilíbrio saudável entre esses extremos.

Desenvolva Habilidades de Resolução de Conflitos: Aprenda a resolver conflitos de maneira construtiva, abordando questões diretamente e buscando soluções mutuamente satisfatórias.

Cultivando a Comunicação Não-Violenta (CNV)

A Comunicação Não-Violenta (CNV) é uma abordagem eficaz para aprimorar a comunicação nos relacionamentos. Continuar a cultivar essa abordagem pode beneficiar os relacionamentos de várias maneiras:

Pratique a Identificação de Sentimentos e Necessidades: Aprenda a identificar seus próprios sentimentos e necessidades, assim como os dos outros.

Use a CNV nas Situações Cotidianas: Aplique os princípios da CNV em situações cotidianas para melhorar a clareza e a compreensão na comunicação.

Resolva Conflitos Usando a CNV: A CNV pode ser uma ferramenta valiosa para resolver conflitos de maneira respeitosa e empática.

Continuando a Aventura da Comunicação nos Relacionamentos

A comunicação efetiva é uma jornada contínua que pode enriquecer todos os aspectos da vida. À medida que continuamos a aventura da comunicação nos relacionamentos, lembramos que a prática, o compromisso e a empatia são fundamentais para fortalecer os laços com os outros.

A comunicação eficaz é a base de relacionamentos saudáveis e significativos. Ela é uma habilidade que pode ser continuamente aprimorada e aplicada em todas as áreas de nossas vidas. Ao se esforçar para ser um comunicador mais eficaz, você pode fortalecer seus relacionamentos, construir empatia e compreensão, e criar conexões mais profundas com os outros. Lembre-se de que a jornada da comunicação eficaz nos relacionamentos é uma busca constante, e os benefícios dela são imensuráveis.